PASSWORD

LOG BOOK

NAME: _____

PHONE: _____

A

WEBSITE _____

USERNAME _____

PASSWORD _____

NOTES _____

_____

_____

_____

· ·

WEBSITE _____

USERNAME _____

PASSWORD _____

NOTES _____

_____

_____

_____

· ·

WEBSITE _____

USERNAME _____

PASSWORD _____

NOTES _____

_____

_____

_____

· ·

WEBSITE _____

USERNAME _____

PASSWORD _____

NOTES _____

_____

_____

_____

A

WEBSITE _____

USERNAME _____

PASSWORD _____

NOTES _____

_____

_____

_____

• •

WEBSITE _____

USERNAME _____

PASSWORD _____

NOTES _____

_____

_____

_____

• •

WEBSITE _____

USERNAME _____

PASSWORD _____

NOTES _____

_____

_____

_____

• •

WEBSITE _____

USERNAME _____

PASSWORD _____

NOTES _____

_____

_____

_____

A

WEBSITE _____

USERNAME _____

PASSWORD _____

NOTES _____

_____

_____

_____

· ·

WEBSITE _____

USERNAME _____

PASSWORD _____

NOTES _____

_____

_____

_____

· ·

WEBSITE _____

USERNAME _____

PASSWORD _____

NOTES _____

_____

_____

_____

· ·

WEBSITE _____

USERNAME _____

PASSWORD _____

NOTES _____

_____

_____

_____

A

WEBSITE _____

USERNAME _____

PASSWORD _____

NOTES _____

_____

_____

_____

· ·

WEBSITE _____

USERNAME _____

PASSWORD _____

NOTES _____

_____

_____

_____

· ·

WEBSITE _____

USERNAME _____

PASSWORD _____

NOTES _____

_____

_____

_____

· ·

WEBSITE _____

USERNAME _____

PASSWORD _____

NOTES _____

_____

_____

_____

B

WEBSITE _____

USERNAME _____

PASSWORD _____

NOTES _____

_____

_____

_____

· ·

WEBSITE _____

USERNAME _____

PASSWORD _____

NOTES _____

_____

_____

_____

· ·

WEBSITE _____

USERNAME _____

PASSWORD _____

NOTES _____

_____

_____

_____

· ·

WEBSITE _____

USERNAME _____

PASSWORD _____

NOTES _____

_____

_____

_____

B

WEBSITE _____

USERNAME _____

PASSWORD _____

NOTES _____

_____

_____

_____

· ·

WEBSITE _____

USERNAME _____

PASSWORD _____

NOTES _____

_____

_____

_____

· ·

WEBSITE _____

USERNAME _____

PASSWORD _____

NOTES _____

_____

_____

_____

· ·

WEBSITE _____

USERNAME _____

PASSWORD _____

NOTES _____

_____

_____

_____

B

WEBSITE _____

USERNAME _____

PASSWORD _____

NOTES _____

_____

_____

_____

· ·

WEBSITE _____

USERNAME _____

PASSWORD _____

NOTES _____

_____

_____

_____

· ·

WEBSITE _____

USERNAME _____

PASSWORD _____

NOTES _____

_____

_____

_____

· ·

WEBSITE _____

USERNAME _____

PASSWORD _____

NOTES _____

_____

_____

_____

B

WEBSITE _____

USERNAME _____

PASSWORD _____

NOTES _____

_____

_____

_____

· ·

WEBSITE _____

USERNAME _____

PASSWORD _____

NOTES _____

_____

_____

_____

· ·

WEBSITE _____

USERNAME _____

PASSWORD _____

NOTES _____

_____

_____

_____

· ·

WEBSITE _____

USERNAME _____

PASSWORD _____

NOTES _____

_____

_____

_____

C

WEBSITE _____

USERNAME _____

PASSWORD _____

NOTES _____

_____

_____

_____

• •

WEBSITE _____

USERNAME _____

PASSWORD _____

NOTES _____

_____

_____

_____

• •

WEBSITE _____

USERNAME _____

PASSWORD _____

NOTES _____

_____

_____

_____

• •

WEBSITE _____

USERNAME _____

PASSWORD _____

NOTES _____

_____

_____

_____

C

WEBSITE _____

USERNAME _____

PASSWORD _____

NOTES _____

_____

_____

_____

· ·

WEBSITE _____

USERNAME _____

PASSWORD _____

NOTES _____

_____

_____

· ·

WEBSITE _____

USERNAME _____

PASSWORD _____

NOTES _____

_____

_____

· ·

WEBSITE _____

USERNAME _____

PASSWORD _____

NOTES _____

_____

_____

_____

C

WEBSITE
USERNAME
PASSWORD
NOTES

· ·

WEBSITE
USERNAME
PASSWORD
NOTES

· ·

WEBSITE
USERNAME
PASSWORD
NOTES

· ·

WEBSITE
USERNAME
PASSWORD
NOTES

C

WEBSITE _____

USERNAME _____

PASSWORD _____

NOTES _____

_____

_____

_____

· ·

WEBSITE _____

USERNAME _____

PASSWORD _____

NOTES _____

_____

_____

_____

· ·

WEBSITE _____

USERNAME _____

PASSWORD _____

NOTES _____

_____

_____

_____

· ·

WEBSITE _____

USERNAME _____

PASSWORD _____

NOTES _____

_____

_____

_____

D

WEBSITE

USERNAME

PASSWORD

NOTES

· ·

WEBSITE

USERNAME

PASSWORD

NOTES

· ·

WEBSITE

USERNAME

PASSWORD

NOTES

· ·

WEBSITE

USERNAME

PASSWORD

NOTES

D

WEBSITE

USERNAME

PASSWORD

NOTES

· ·

WEBSITE

USERNAME

PASSWORD

NOTES

· ·

WEBSITE

USERNAME

PASSWORD

NOTES

· ·

WEBSITE

USERNAME

PASSWORD

NOTES

D

WEBSITE _____

USERNAME _____

PASSWORD _____

NOTES _____

_____

_____

_____

. . . .

WEBSITE _____

USERNAME _____

PASSWORD _____

NOTES _____

_____

_____

_____

. . . .

WEBSITE _____

USERNAME _____

PASSWORD _____

NOTES _____

_____

_____

_____

. . . .

WEBSITE _____

USERNAME _____

PASSWORD _____

NOTES _____

_____

_____

_____

D

WEBSITE _____

USERNAME _____

PASSWORD _____

NOTES _____

_____

_____

_____

. . . .

WEBSITE _____

USERNAME _____

PASSWORD _____

NOTES _____

_____

_____

_____

. . . .

WEBSITE _____

USERNAME _____

PASSWORD _____

NOTES _____

_____

_____

_____

. . . .

WEBSITE _____

USERNAME _____

PASSWORD _____

NOTES _____

_____

_____

_____

WEBSITE

USERNAME

PASSWORD

NOTES

· ·

WEBSITE

USERNAME

PASSWORD

NOTES

· ·

WEBSITE

USERNAME

PASSWORD

NOTES

· ·

WEBSITE

USERNAME

PASSWORD

NOTES

E

WEBSITE

USERNAME

PASSWORD

NOTES

· ·

WEBSITE

USERNAME

PASSWORD

NOTES

· ·

WEBSITE

USERNAME

PASSWORD

NOTES

· ·

WEBSITE

USERNAME

PASSWORD

NOTES

E

WEBSITE _____

USERNAME _____

PASSWORD _____

NOTES _____

_____

_____

_____

· ·

WEBSITE _____

USERNAME _____

PASSWORD _____

NOTES _____

_____

_____

_____

· ·

WEBSITE _____

USERNAME _____

PASSWORD _____

NOTES _____

_____

_____

_____

· ·

WEBSITE _____

USERNAME _____

PASSWORD _____

NOTES _____

_____

_____

_____

E

WEBSITE

USERNAME

PASSWORD

NOTES

· ·

WEBSITE

USERNAME

PASSWORD

NOTES

· ·

WEBSITE

USERNAME

PASSWORD

NOTES

· ·

WEBSITE

USERNAME

PASSWORD

NOTES

F

WEBSITE

USERNAME

PASSWORD

NOTES

· ·

WEBSITE

USERNAME

PASSWORD

NOTES

· ·

WEBSITE

USERNAME

PASSWORD

NOTES

· ·

WEBSITE

USERNAME

PASSWORD

NOTES

F

WEBSITE _____

USERNAME _____

PASSWORD _____

NOTES _____

_____

_____

_____

· ·

WEBSITE _____

USERNAME _____

PASSWORD _____

NOTES _____

_____

_____

_____

· ·

WEBSITE _____

USERNAME _____

PASSWORD _____

NOTES _____

_____

_____

_____

· ·

WEBSITE _____

USERNAME _____

PASSWORD _____

NOTES _____

_____

_____

_____

F

WEBSITE _____

USERNAME _____

PASSWORD _____

NOTES _____

_____

_____

_____

· ·

WEBSITE _____

USERNAME _____

PASSWORD _____

NOTES _____

_____

_____

_____

· ·

WEBSITE _____

USERNAME _____

PASSWORD _____

NOTES _____

_____

_____

_____

· ·

WEBSITE _____

USERNAME _____

PASSWORD _____

NOTES _____

_____

_____

_____

F

WEBSITE

USERNAME

PASSWORD

NOTES

. . . .

WEBSITE

USERNAME

PASSWORD

NOTES

. . . .

WEBSITE

USERNAME

PASSWORD

NOTES

. . . .

WEBSITE

USERNAME

PASSWORD

NOTES

G

WEBSITE

USERNAME

PASSWORD

NOTES

· ·

WEBSITE

USERNAME

PASSWORD

NOTES

· ·

WEBSITE

USERNAME

PASSWORD

NOTES

· ·

WEBSITE

USERNAME

PASSWORD

NOTES

G

WEBSITE

USERNAME

PASSWORD

NOTES

. . . .

WEBSITE

USERNAME

PASSWORD

NOTES

. . . .

WEBSITE

USERNAME

PASSWORD

NOTES

. . . .

WEBSITE

USERNAME

PASSWORD

NOTES

G

WEBSITE

USERNAME

PASSWORD

NOTES

· ·

WEBSITE

USERNAME

PASSWORD

NOTES

· ·

WEBSITE

USERNAME

PASSWORD

NOTES

· ·

WEBSITE

USERNAME

PASSWORD

NOTES

G

WEBSITE

USERNAME

PASSWORD

NOTES

· ·

WEBSITE

USERNAME

PASSWORD

NOTES

· ·

WEBSITE

USERNAME

PASSWORD

NOTES

· ·

WEBSITE

USERNAME

PASSWORD

NOTES

H

WEBSITE _____

USERNAME _____

PASSWORD _____

NOTES _____

_____

_____

_____

· ·

WEBSITE _____

USERNAME _____

PASSWORD _____

NOTES _____

_____

_____

_____

· ·

WEBSITE _____

USERNAME _____

PASSWORD _____

NOTES _____

_____

_____

_____

· ·

WEBSITE _____

USERNAME _____

PASSWORD _____

NOTES _____

_____

_____

_____

H

WEBSITE _____

USERNAME _____

PASSWORD _____

NOTES _____

_____

_____

_____

· ·

WEBSITE _____

USERNAME _____

PASSWORD _____

NOTES _____

_____

_____

_____

· ·

WEBSITE _____

USERNAME _____

PASSWORD _____

NOTES _____

_____

_____

_____

· ·

WEBSITE _____

USERNAME _____

PASSWORD _____

NOTES _____

_____

_____

_____

H

WEBSITE

USERNAME

PASSWORD

NOTES

· ·

WEBSITE

USERNAME

PASSWORD

NOTES

· ·

WEBSITE

USERNAME

PASSWORD

NOTES

· ·

WEBSITE

USERNAME

PASSWORD

NOTES

H

WEBSITE

USERNAME

PASSWORD

NOTES

· ·

WEBSITE

USERNAME

PASSWORD

NOTES

· ·

WEBSITE

USERNAME

PASSWORD

NOTES

· ·

WEBSITE

USERNAME

PASSWORD

NOTES

I

WEBSITE

USERNAME

PASSWORD

NOTES

....

WEBSITE

USERNAME

PASSWORD

NOTES

....

WEBSITE

USERNAME

PASSWORD

NOTES

....

WEBSITE

USERNAME

PASSWORD

NOTES

I

WEBSITE _____

USERNAME _____

PASSWORD _____

NOTES _____

_____

_____

_____

· ·

WEBSITE _____

USERNAME _____

PASSWORD _____

NOTES _____

_____

_____

_____

· ·

WEBSITE _____

USERNAME _____

PASSWORD _____

NOTES _____

_____

_____

_____

· ·

WEBSITE _____

USERNAME _____

PASSWORD _____

NOTES _____

_____

_____

_____

I

WEBSITE _____

USERNAME _____

PASSWORD _____

NOTES _____

_____

_____

_____

· ·

WEBSITE _____

USERNAME _____

PASSWORD _____

NOTES _____

_____

_____

_____

· ·

WEBSITE _____

USERNAME _____

PASSWORD _____

NOTES _____

_____

_____

_____

· ·

WEBSITE _____

USERNAME _____

PASSWORD _____

NOTES _____

_____

_____

_____

I

WEBSITE _____

USERNAME _____

PASSWORD _____

NOTES _____

_____

_____

_____

· ·

WEBSITE _____

USERNAME _____

PASSWORD _____

NOTES _____

_____

_____

_____

· ·

WEBSITE _____

USERNAME _____

PASSWORD _____

NOTES _____

_____

_____

_____

· ·

WEBSITE _____

USERNAME _____

PASSWORD _____

NOTES _____

_____

_____

_____

J

WEBSITE _____

USERNAME _____

PASSWORD _____

NOTES _____

_____

_____

_____

· ·

WEBSITE _____

USERNAME _____

PASSWORD _____

NOTES _____

_____

_____

_____

· ·

WEBSITE _____

USERNAME _____

PASSWORD _____

NOTES _____

_____

_____

_____

· ·

WEBSITE _____

USERNAME _____

PASSWORD _____

NOTES _____

_____

_____

_____

J

WEBSITE _____

USERNAME _____

PASSWORD _____

NOTES _____

_____

_____

_____

· ·

WEBSITE _____

USERNAME _____

PASSWORD _____

NOTES _____

_____

_____

· ·

WEBSITE _____

USERNAME _____

PASSWORD _____

NOTES _____

_____

_____

_____

· ·

WEBSITE _____

USERNAME _____

PASSWORD _____

NOTES _____

_____

_____

_____

J

WEBSITE _____

USERNAME _____

PASSWORD _____

NOTES _____

_____

_____

_____

· ·

WEBSITE _____

USERNAME _____

PASSWORD _____

NOTES _____

_____

_____

_____

· ·

WEBSITE _____

USERNAME _____

PASSWORD _____

NOTES _____

_____

_____

_____

· ·

WEBSITE _____

USERNAME _____

PASSWORD _____

NOTES _____

_____

_____

_____

J

WEBSITE

USERNAME

PASSWORD

NOTES

· ·

WEBSITE

USERNAME

PASSWORD

NOTES

· ·

WEBSITE

USERNAME

PASSWORD

NOTES

· ·

WEBSITE

USERNAME

PASSWORD

NOTES

K

WEBSITE _____

USERNAME _____

PASSWORD _____

NOTES _____

_____

_____

_____

· ·

WEBSITE _____

USERNAME _____

PASSWORD _____

NOTES _____

_____

_____

_____

· ·

WEBSITE _____

USERNAME _____

PASSWORD _____

NOTES _____

_____

_____

_____

· ·

WEBSITE _____

USERNAME _____

PASSWORD _____

NOTES _____

_____

_____

_____

K

WEBSITE

USERNAME

PASSWORD

NOTES

· ·

WEBSITE

USERNAME

PASSWORD

NOTES

· ·

WEBSITE

USERNAME

PASSWORD

NOTES

· ·

WEBSITE

USERNAME

PASSWORD

NOTES

K

WEBSITE _____

USERNAME _____

PASSWORD _____

NOTES _____

_____

_____

_____

· ·

WEBSITE _____

USERNAME _____

PASSWORD _____

NOTES _____

_____

_____

_____

· ·

WEBSITE _____

USERNAME _____

PASSWORD _____

NOTES _____

_____

_____

_____

· ·

WEBSITE _____

USERNAME _____

PASSWORD _____

NOTES _____

_____

_____

_____

K

WEBSITE _____

USERNAME _____

PASSWORD _____

NOTES _____

_____

_____

_____

· ·

WEBSITE _____

USERNAME _____

PASSWORD _____

NOTES _____

_____

_____

_____

· ·

WEBSITE _____

USERNAME _____

PASSWORD _____

NOTES _____

_____

_____

_____

· ·

WEBSITE _____

USERNAME _____

PASSWORD _____

NOTES _____

_____

_____

_____

L

WEBSITE

USERNAME

PASSWORD

NOTES

· ·

WEBSITE

USERNAME

PASSWORD

NOTES

· ·

WEBSITE

USERNAME

PASSWORD

NOTES

· ·

WEBSITE

USERNAME

PASSWORD

NOTES

L

WEBSITE

USERNAME

PASSWORD

NOTES

- -

WEBSITE

USERNAME

PASSWORD

NOTES

- -

WEBSITE

USERNAME

PASSWORD

NOTES

- -

WEBSITE

USERNAME

PASSWORD

NOTES

L

WEBSITE

USERNAME

PASSWORD

NOTES

. . . .

WEBSITE

USERNAME

PASSWORD

NOTES

. . . .

WEBSITE

USERNAME

PASSWORD

NOTES

. . . .

WEBSITE

USERNAME

PASSWORD

NOTES

L

WEBSITE

USERNAME

PASSWORD

NOTES

· ·

WEBSITE

USERNAME

PASSWORD

NOTES

· ·

WEBSITE

USERNAME

PASSWORD

NOTES

· ·

WEBSITE

USERNAME

PASSWORD

NOTES

M

WEBSITE _____

USERNAME _____

PASSWORD _____

NOTES _____

_____

_____

_____

· ·

WEBSITE _____

USERNAME _____

PASSWORD _____

NOTES _____

_____

_____

_____

· ·

WEBSITE _____

USERNAME _____

PASSWORD _____

NOTES _____

_____

_____

_____

· ·

WEBSITE _____

USERNAME _____

PASSWORD _____

NOTES _____

_____

_____

_____

M

WEBSITE

USERNAME

PASSWORD

NOTES

· ·

WEBSITE

USERNAME

PASSWORD

NOTES

· ·

WEBSITE

USERNAME

PASSWORD

NOTES

· ·

WEBSITE

USERNAME

PASSWORD

NOTES

M

WEBSITE

USERNAME

PASSWORD

NOTES

. . . .

WEBSITE

USERNAME

PASSWORD

NOTES

. . . .

WEBSITE

USERNAME

PASSWORD

NOTES

. . . .

WEBSITE

USERNAME

PASSWORD

NOTES

M

WEBSITE

USERNAME

PASSWORD

NOTES

· ·

WEBSITE

USERNAME

PASSWORD

NOTES

· ·

WEBSITE

USERNAME

PASSWORD

NOTES

· ·

WEBSITE

USERNAME

PASSWORD

NOTES

N

WEBSITE _____

USERNAME _____

PASSWORD _____

NOTES _____

_____

_____

_____

· ·

WEBSITE _____

USERNAME _____

PASSWORD _____

NOTES _____

_____

_____

_____

· ·

WEBSITE _____

USERNAME _____

PASSWORD _____

NOTES _____

_____

_____

_____

· ·

WEBSITE _____

USERNAME _____

PASSWORD _____

NOTES _____

_____

_____

_____

N

WEBSITE _____

USERNAME _____

PASSWORD _____

NOTES _____

_____

_____

_____

• •

WEBSITE _____

USERNAME _____

PASSWORD _____

NOTES _____

_____

_____

_____

• •

WEBSITE _____

USERNAME _____

PASSWORD _____

NOTES _____

_____

_____

_____

• •

WEBSITE _____

USERNAME _____

PASSWORD _____

NOTES _____

_____

_____

_____

N

WEBSITE _____

USERNAME _____

PASSWORD _____

NOTES _____

_____

_____

_____

· ·

WEBSITE _____

USERNAME _____

PASSWORD _____

NOTES _____

_____

_____

_____

· ·

WEBSITE _____

USERNAME _____

PASSWORD _____

NOTES _____

_____

_____

_____

· ·

WEBSITE _____

USERNAME _____

PASSWORD _____

NOTES _____

_____

_____

_____

N

WEBSITE _____

USERNAME _____

PASSWORD _____

NOTES _____

_____

_____

_____

· ·

WEBSITE _____

USERNAME _____

PASSWORD _____

NOTES _____

_____

_____

_____

· ·

WEBSITE _____

USERNAME _____

PASSWORD _____

NOTES _____

_____

_____

_____

· ·

WEBSITE _____

USERNAME _____

PASSWORD _____

NOTES _____

_____

_____

_____

O

WEBSITE

USERNAME

PASSWORD

NOTES

. . . .

WEBSITE

USERNAME

PASSWORD

NOTES

. . . .

WEBSITE

USERNAME

PASSWORD

NOTES

. . . .

WEBSITE

USERNAME

PASSWORD

NOTES

O

WEBSITE

USERNAME

PASSWORD

NOTES

· ·

WEBSITE

USERNAME

PASSWORD

NOTES

· ·

WEBSITE

USERNAME

PASSWORD

NOTES

· ·

WEBSITE

USERNAME

PASSWORD

NOTES

O

WEBSITE

USERNAME

PASSWORD

NOTES

. . . .

WEBSITE

USERNAME

PASSWORD

NOTES

. . . .

WEBSITE

USERNAME

PASSWORD

NOTES

. . . .

WEBSITE

USERNAME

PASSWORD

NOTES

O

WEBSITE

USERNAME

PASSWORD

NOTES

· ·

WEBSITE

USERNAME

PASSWORD

NOTES

· ·

WEBSITE

USERNAME

PASSWORD

NOTES

· ·

WEBSITE

USERNAME

PASSWORD

NOTES

P

WEBSITE _____

USERNAME _____

PASSWORD _____

NOTES _____

_____

_____

_____

· ·

WEBSITE _____

USERNAME _____

PASSWORD _____

NOTES _____

_____

_____

_____

· ·

WEBSITE _____

USERNAME _____

PASSWORD _____

NOTES _____

_____

_____

_____

· ·

WEBSITE _____

USERNAME _____

PASSWORD _____

NOTES _____

_____

_____

_____

P

WEBSITE _____

USERNAME _____

PASSWORD _____

NOTES _____

_____

_____

_____

· ·

WEBSITE _____

USERNAME _____

PASSWORD _____

NOTES _____

_____

_____

_____

· ·

WEBSITE _____

USERNAME _____

PASSWORD _____

NOTES _____

_____

_____

_____

· ·

WEBSITE _____

USERNAME _____

PASSWORD _____

NOTES _____

_____

_____

_____

P

WEBSITE _____

USERNAME _____

PASSWORD _____

NOTES _____

_____

_____

_____

· ·

WEBSITE _____

USERNAME _____

PASSWORD _____

NOTES _____

_____

_____

_____

· ·

WEBSITE _____

USERNAME _____

PASSWORD _____

NOTES _____

_____

_____

_____

· ·

WEBSITE _____

USERNAME _____

PASSWORD _____

NOTES _____

_____

_____

_____

P

WEBSITE

USERNAME

PASSWORD

NOTES

. . . .

WEBSITE

USERNAME

PASSWORD

NOTES

. . . .

WEBSITE

USERNAME

PASSWORD

NOTES

. . . .

WEBSITE

USERNAME

PASSWORD

NOTES

Q

WEBSITE _____

USERNAME _____

PASSWORD _____

NOTES _____

_____

_____

_____

· ·

WEBSITE _____

USERNAME _____

PASSWORD _____

NOTES _____

_____

_____

_____

· ·

WEBSITE _____

USERNAME _____

PASSWORD _____

NOTES _____

_____

_____

_____

· ·

WEBSITE _____

USERNAME _____

PASSWORD _____

NOTES _____

_____

_____

_____

Q

WEBSITE

USERNAME

PASSWORD

NOTES

· ·
WEBSITE

USERNAME

PASSWORD

NOTES

· ·
WEBSITE

USERNAME

PASSWORD

NOTES

· ·
WEBSITE

USERNAME

PASSWORD

NOTES

Q

WEBSITE

USERNAME

PASSWORD

NOTES

WEBSITE

USERNAME

PASSWORD

NOTES

WEBSITE

USERNAME

PASSWORD

NOTES

WEBSITE

USERNAME

PASSWORD

NOTES

Q

WEBSITE _____

USERNAME _____

PASSWORD _____

NOTES _____

_____

_____

_____

· ·

WEBSITE _____

USERNAME _____

PASSWORD _____

NOTES _____

_____

_____

_____

· ·

WEBSITE _____

USERNAME _____

PASSWORD _____

NOTES _____

_____

_____

_____

· ·

WEBSITE _____

USERNAME _____

PASSWORD _____

NOTES _____

_____

_____

_____

R

WEBSITE

USERNAME

PASSWORD

NOTES

. . . .

WEBSITE

USERNAME

PASSWORD

NOTES

. . . .

WEBSITE

USERNAME

PASSWORD

NOTES

. . . .

WEBSITE

USERNAME

PASSWORD

NOTES

R

WEBSITE _____

USERNAME _____

PASSWORD _____

NOTES _____

_____

_____

_____

· ·

WEBSITE _____

USERNAME _____

PASSWORD _____

NOTES _____

_____

_____

_____

· ·

WEBSITE _____

USERNAME _____

PASSWORD _____

NOTES _____

_____

_____

_____

· ·

WEBSITE _____

USERNAME _____

PASSWORD _____

NOTES _____

_____

_____

_____

R

WEBSITE

USERNAME

PASSWORD

NOTES

· ·

WEBSITE

USERNAME

PASSWORD

NOTES

· ·

WEBSITE

USERNAME

PASSWORD

NOTES

· ·

WEBSITE

USERNAME

PASSWORD

NOTES

R

WEBSITE

USERNAME

PASSWORD

NOTES

. . . .

WEBSITE

USERNAME

PASSWORD

NOTES

. . . .

WEBSITE

USERNAME

PASSWORD

NOTES

. . . .

WEBSITE

USERNAME

PASSWORD

NOTES

S

WEBSITE _____

USERNAME _____

PASSWORD _____

NOTES _____

_____

_____

_____

· ·

WEBSITE _____

USERNAME _____

PASSWORD _____

NOTES _____

_____

_____

_____

· ·

WEBSITE _____

USERNAME _____

PASSWORD _____

NOTES _____

_____

_____

_____

· ·

WEBSITE _____

USERNAME _____

PASSWORD _____

NOTES _____

_____

_____

_____

WEBSITE

USERNAME

PASSWORD

NOTES

WEBSITE

USERNAME

PASSWORD

NOTES

WEBSITE

USERNAME

PASSWORD

NOTES

WEBSITE

USERNAME

PASSWORD

NOTES

S

WEBSITE _____

USERNAME _____

PASSWORD _____

NOTES _____

_____

_____

_____

· ·

WEBSITE _____

USERNAME _____

PASSWORD _____

NOTES _____

_____

_____

_____

· ·

WEBSITE _____

USERNAME _____

PASSWORD _____

NOTES _____

_____

_____

_____

· ·

WEBSITE _____

USERNAME _____

PASSWORD _____

NOTES _____

_____

_____

_____

S

WEBSITE

USERNAME

PASSWORD

NOTES

WEBSITE

USERNAME

PASSWORD

NOTES

WEBSITE

USERNAME

PASSWORD

NOTES

WEBSITE

USERNAME

PASSWORD

NOTES

T

WEBSITE

USERNAME

PASSWORD

NOTES

. . . .

WEBSITE

USERNAME

PASSWORD

NOTES

. . . .

WEBSITE

USERNAME

PASSWORD

NOTES

. . . .

WEBSITE

USERNAME

PASSWORD

NOTES

T

WEBSITE _____

USERNAME _____

PASSWORD _____

NOTES _____

_____

_____

_____

· ·

WEBSITE _____

USERNAME _____

PASSWORD _____

NOTES _____

_____

_____

_____

· ·

WEBSITE _____

USERNAME _____

PASSWORD _____

NOTES _____

_____

_____

_____

· ·

WEBSITE _____

USERNAME _____

PASSWORD _____

NOTES _____

_____

_____

_____

T

WEBSITE

USERNAME

PASSWORD

NOTES

. . . .

WEBSITE

USERNAME

PASSWORD

NOTES

. . . .

WEBSITE

USERNAME

PASSWORD

NOTES

. . . .

WEBSITE

USERNAME

PASSWORD

NOTES

T

WEBSITE

USERNAME

PASSWORD

NOTES

WEBSITE

USERNAME

PASSWORD

NOTES

WEBSITE

USERNAME

PASSWORD

NOTES

WEBSITE

USERNAME

PASSWORD

NOTES

U

WEBSITE _____

USERNAME _____

PASSWORD _____

NOTES _____

_____

_____

_____

· ·

WEBSITE _____

USERNAME _____

PASSWORD _____

NOTES _____

_____

_____

_____

· ·

WEBSITE _____

USERNAME _____

PASSWORD _____

NOTES _____

_____

_____

_____

· ·

WEBSITE _____

USERNAME _____

PASSWORD _____

NOTES _____

_____

_____

_____

U

WEBSITE _____

USERNAME _____

PASSWORD _____

NOTES _____

_____

_____

_____

· ·

WEBSITE _____

USERNAME _____

PASSWORD _____

NOTES _____

_____

_____

_____

· ·

WEBSITE _____

USERNAME _____

PASSWORD _____

NOTES _____

_____

_____

_____

· ·

WEBSITE _____

USERNAME _____

PASSWORD _____

NOTES _____

_____

_____

_____

U

WEBSITE

USERNAME

PASSWORD

NOTES

. . . .

WEBSITE

USERNAME

PASSWORD

NOTES

. . . .

WEBSITE

USERNAME

PASSWORD

NOTES

. . . .

WEBSITE

USERNAME

PASSWORD

NOTES

U

WEBSITE

USERNAME

PASSWORD

NOTES

· ·

WEBSITE

USERNAME

PASSWORD

NOTES

· ·

WEBSITE

USERNAME

PASSWORD

NOTES

· ·

WEBSITE

USERNAME

PASSWORD

NOTES

V

WEBSITE

USERNAME

PASSWORD

NOTES

· ·

WEBSITE

USERNAME

PASSWORD

NOTES

· ·

WEBSITE

USERNAME

PASSWORD

NOTES

· ·

WEBSITE

USERNAME

PASSWORD

NOTES

V

WEBSITE

USERNAME

PASSWORD

NOTES

· ·

WEBSITE

USERNAME

PASSWORD

NOTES

· ·

WEBSITE

USERNAME

PASSWORD

NOTES

· ·

WEBSITE

USERNAME

PASSWORD

NOTES

WEBSITE

USERNAME

PASSWORD

NOTES

· ·

WEBSITE

USERNAME

PASSWORD

NOTES

· ·

WEBSITE

USERNAME

PASSWORD

NOTES

· ·

WEBSITE

USERNAME

PASSWORD

NOTES

V

WEBSITE

USERNAME

PASSWORD

NOTES

· ·

WEBSITE

USERNAME

PASSWORD

NOTES

· ·

WEBSITE

USERNAME

PASSWORD

NOTES

· ·

WEBSITE

USERNAME

PASSWORD

NOTES

WEBSITE

USERNAME

PASSWORD

NOTES

· ·

WEBSITE

USERNAME

PASSWORD

NOTES

· ·

WEBSITE

USERNAME

PASSWORD

NOTES

· ·

WEBSITE

USERNAME

PASSWORD

NOTES

W

WEBSITE _____

USERNAME _____

PASSWORD _____

NOTES _____

_____

_____

_____

· ·

WEBSITE _____

USERNAME _____

PASSWORD _____

NOTES _____

_____

_____

_____

· ·

WEBSITE _____

USERNAME _____

PASSWORD _____

NOTES _____

_____

_____

_____

· ·

WEBSITE _____

USERNAME _____

PASSWORD _____

NOTES _____

_____

_____

_____

W

WEBSITE

USERNAME

PASSWORD

NOTES

· ·

WEBSITE

USERNAME

PASSWORD

NOTES

· ·

WEBSITE

USERNAME

PASSWORD

NOTES

· ·

WEBSITE

USERNAME

PASSWORD

NOTES

WEBSITE

USERNAME

PASSWORD

NOTES

- -

WEBSITE

USERNAME

PASSWORD

NOTES

- -

WEBSITE

USERNAME

PASSWORD

NOTES

- -

WEBSITE

USERNAME

PASSWORD

NOTES

WEBSITE

USERNAME

PASSWORD

NOTES

. . . .

WEBSITE

USERNAME

PASSWORD

NOTES

. . . .

WEBSITE

USERNAME

PASSWORD

NOTES

. . . .

WEBSITE

USERNAME

PASSWORD

NOTES

X

WEBSITE

USERNAME

PASSWORD

NOTES

· ·

WEBSITE

USERNAME

PASSWORD

NOTES

· ·

WEBSITE

USERNAME

PASSWORD

NOTES

· ·

WEBSITE

USERNAME

PASSWORD

NOTES

X

WEBSITE _____

USERNAME _____

PASSWORD _____

NOTES _____

_____

_____

_____

· ·

WEBSITE _____

USERNAME _____

PASSWORD _____

NOTES _____

_____

_____

_____

· ·

WEBSITE _____

USERNAME _____

PASSWORD _____

NOTES _____

_____

_____

_____

· ·

WEBSITE _____

USERNAME _____

PASSWORD _____

NOTES _____

_____

_____

_____

X

WEBSITE

USERNAME

PASSWORD

NOTES

· ·

WEBSITE

USERNAME

PASSWORD

NOTES

· ·

WEBSITE

USERNAME

PASSWORD

NOTES

· ·

WEBSITE

USERNAME

PASSWORD

NOTES

Y

WEBSITE

USERNAME

PASSWORD

NOTES

WEBSITE

USERNAME

PASSWORD

NOTES

WEBSITE

USERNAME

PASSWORD

NOTES

WEBSITE

USERNAME

PASSWORD

NOTES

Y

WEBSITE

USERNAME

PASSWORD

NOTES

- -

WEBSITE

USERNAME

PASSWORD

NOTES

- -

WEBSITE

USERNAME

PASSWORD

NOTES

- -

WEBSITE

USERNAME

PASSWORD

NOTES

Y

WEBSITE

USERNAME

PASSWORD

NOTES

· ·

WEBSITE

USERNAME

PASSWORD

NOTES

· ·

WEBSITE

USERNAME

PASSWORD

NOTES

· ·

WEBSITE

USERNAME

PASSWORD

NOTES

Y

WEBSITE

USERNAME

PASSWORD

NOTES

. . . .

WEBSITE

USERNAME

PASSWORD

NOTES

. . . .

WEBSITE

USERNAME

PASSWORD

NOTES

. . . .

WEBSITE

USERNAME

PASSWORD

NOTES

Z

WEBSITE _____

USERNAME _____

PASSWORD _____

NOTES _____

_____

_____

_____

· ·

WEBSITE _____

USERNAME _____

PASSWORD _____

NOTES _____

_____

_____

_____

· ·

WEBSITE _____

USERNAME _____

PASSWORD _____

NOTES _____

_____

_____

_____

· ·

WEBSITE _____

USERNAME _____

PASSWORD _____

NOTES _____

_____

_____

_____

Z

WEBSITE

USERNAME

PASSWORD

NOTES

· ·

WEBSITE

USERNAME

PASSWORD

NOTES

· ·

WEBSITE

USERNAME

PASSWORD

NOTES

· ·

WEBSITE

USERNAME

PASSWORD

NOTES

Z

WEBSITE _____

USERNAME _____

PASSWORD _____

NOTES _____

_____

_____

_____

· ·

WEBSITE _____

USERNAME _____

PASSWORD _____

NOTES _____

_____

_____

_____

· ·

WEBSITE _____

USERNAME _____

PASSWORD _____

NOTES _____

_____

_____

_____

· ·

WEBSITE _____

USERNAME _____

PASSWORD _____

NOTES _____

_____

_____

_____

Z

WEBSITE _____

USERNAME _____

PASSWORD _____

NOTES _____

_____

_____

_____

· ·

WEBSITE _____

USERNAME _____

PASSWORD _____

NOTES _____

_____

_____

_____

· ·

WEBSITE _____

USERNAME _____

PASSWORD _____

NOTES _____

_____

_____

_____

· ·

WEBSITE _____

USERNAME _____

PASSWORD _____

NOTES _____

_____

_____

_____